Todos los caminos llevan a Roma

Escrito por Claire Owen

Italia

Me llamo Tomasso. Vivo en la región de Abruzzo en Italia. ¿Cómo crees que era la vida durante el Imperio Romano? ¿Cómo crees que los romanos utilizaban las matemáticas en el pasado?

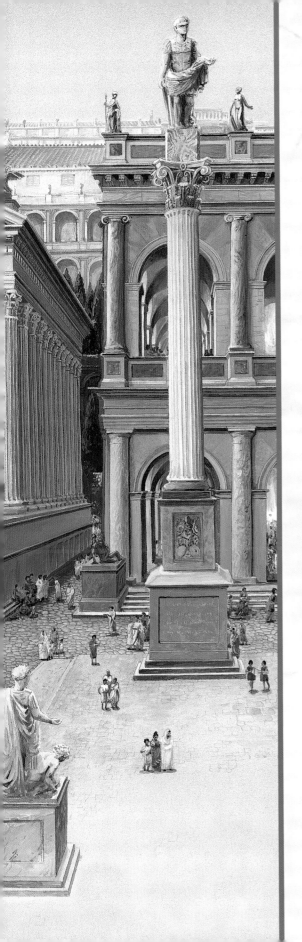

Contenido

Donde me veas, encontrarás actividades que reforzarán tu aprendizaje y preguntas para contestar.

El Imperio Romano

El Imperio Romano fue una de las civilizaciones más grandes y poderosas de la historia mundial. Comenzó hace 2 000 años y duró más de 500 años. En su apogeo, Roma dominó a más de 50 millones de personas, cerca de una quinta parte de la población del mundo en ese entonces. El imperio abarcó un área de más de 2.5 millones de millas cuadradas, casi el doble del territorio de México.

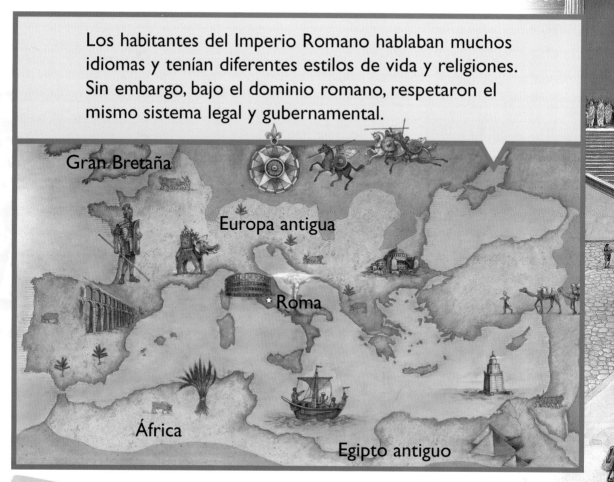

Los habitantes del Imperio Romano hablaban muchos idiomas y tenían diferentes estilos de vida y religiones. Sin embargo, bajo el dominio romano, respetaron el mismo sistema legal y gubernamental.

Gran Bretaña

Europa antigua

★ Roma

África

Egipto antiguo

civilización Sociedad muy desarrollada y organizada, con lenguaje escrito, artes, ciencias y gobierno.

Durante mucho tiempo, Roma ha sido un centro de gran importancia por lo que se le llama la "ciudad eterna". Esta pintura de Roma amurallada se realizó a principios del siglo XV.

Según la leyenda, la ciudad de Roma fue fundada por Rómulo y Remo, nietos gemelos de un rey. Cuando eran bebés, los gemelos fueron lanzados al río por su malvado tío. Arrastrados por las olas hasta la orilla, Rómulo y Remo fueron alimentados por una loba hasta que un pastor los encontró.

Calcula cuál era la población total del mundo en el apogeo del Imperio Romano.

El Coliseo

Había muchas construcciones espléndidas en la antigua Roma. Una de las más famosas es el Coliseo, cuya construcción fue concluida en el año 80. Este enorme anfiteatro contaba con cuatro niveles y podía albergar a 50 000 personas sentadas. El Coliseo tenía 80 salidas, llamadas *vomitoria*. Se dice que todos los espectadores podían salir ¡en sólo cinco minutos!

Cada año, miles de personas visitan las ruinas del Coliseo.

anfiteatro   Edificio redondo u oval con filas de asientos escalonados alrededor de un espacio abierto.

> **¿Cuántas personas saldrían del Coliseo por cada puerta? ¿Cuántas personas tendrían que salir, por segundo, para que el Coliseo, lleno a toda su capacidad, quedara vacío en cinco minutos?**

Datos sobre el Coliseo

- El piso de madera del Coliseo estaba cubierto de arena.

- Debajo del piso del Coliseo había un sistema complejo de corredores, rampas, jaulas para animales salvajes y elevadores mecánicos.

- Al principio, tal vez antes de que se excavaran los corredores subterráneos, el Coliseo podía inundarse para representar batallas navales.

- A los espectadores se les protegía del Sol abrasador con un inmenso toldo hecho con "velas".

complejo Conformado por partes diferentes; que no es simple.

Los soldados romanos

El Imperio Romano era tan grande y tan extenso que se necesitaba un ejército enorme para defender sus fronteras. El ejército romano se dividía en secciones llamadas *legiones*, cada una de las cuales constaba de miles de soldados. Es posible que hasta 300 000 soldados hayan formado parte del ejército romano en algún momento.

Una legión romana

- Los soldados regulares vivían y trabajaban en pequeñas unidades de campaña de ocho hombres.

¿Cuántos soldados romanos esperarías que hubiera en una centuria? ¿Por qué? De hecho, ¿cuántos soldados había en una centuria?

- Una centuria estaba formada por 10 unidades de campaña, dirigidas por un centurión.

- Una cohorte regular se componía de seis centurias.

¿Cuántos soldados regulares formaban una cohorte regular? ¿Una cohorte especial? ¿Una legión? ¿Cuántos centuriones comandaban una legión?

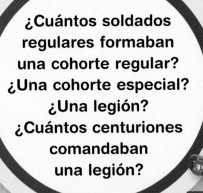

- Una cohorte especial estaba formada por sólo cinco centurias, pero cada centuria contaba con el doble del número usual de soldados.

- Una legión romana consistía en nueve cohortes regulares y una cohorte especial.

Los caminos romanos

Los antiguos romanos construyeron una vasta red de caminos pavimentados en todo su imperio. Se piensa que el largo total de los caminos era de más de 50 000 millas: ¡cerca del doble de la distancia alrededor del Ecuador! Los caminos romanos seguían la ruta más directa entre dos sitios. Cuando era necesario, se construían puentes y túneles para que los caminos fueran rectos y planos.

La Vía Apia es un famoso camino construido por los romanos. Se construyó tan bien que aún se usa en nuestros días. Muchas carreteras modernas de Europa siguen los antiguos caminos romanos.

¿Sabías que...?

Los romanos contaban con su propio "sistema postal rápido". Con él era posible enviar una carta desde Roma hasta un lugar tan lejano como la Galia (hoy Francia) en sólo unos días.

sistema postal rápido   Sistema para transportar correo, usado tiempo atrás, en el oeste de Estados Unidos de América. La correspondencia la trasladaban jinetes que montaban caballos muy rápidos.

Costaba cerca de 10 000 *sestercios* construir una milla de carretera. (Un sestercio era una moneda de bronce).

Un soldado regular ganaba aproximadamente 900 sestercios al año. ¿Cuántas millas de carreteras podrían construirse con los salarios anuales de una centuria de soldados?

Medición de una milla

Para medir distancias, los romanos contaban los pasos de marcha dados por los soldados a un ritmo estable. Cada uno constaba de dos pasos regulares: izquierdo y derecho. Junto a los caminos se colocaban piedras como señales cada *mille passus*, o mil pasos de marcha. La palabra *milla* se deriva de *mille* y hoy a las señales se les llama piedras miliarias (*milestones*, en inglés). Una milla romana equivalía a unas nueve décimas del largo de una milla moderna.

Piedra miliaria romana, Valpusteria, Italia

La *pes* era una unidad romana de longitud basada en el pie humano. Cada *passus* correspondía a cinco *pes*. Otra unidad era el *stadium*. Una milla romana se dividía en ocho *stadia*.

¿Sabías que...?
Un soldado romano debía ser capaz de marchar 22 millas en 5 horas, armado por completo y con un equipo pesado.

¿Cuántos pies romanos equivalían a una milla romana? ¿Cuántas millas romanas equivalían a 1000 *stadia*?

Números romanos

En las piedras miliarias las distancias se escribían con números romanos. No se sabe con certeza cómo se desarrollaron estos números. Algunos piensan que provinieron de muescas que se hacían en una vara de contar. Otras personas afirman que ciertos números representaban señales con las manos.

Algunos de los números romanos que escribimos en la actualidad no se usaron siempre en la antigua Roma. Por ejemplo, el número nueve a menudo se representaba con VIIII y no con IX.

En los edificios viejos suelen apreciarse números romanos.

PAVLVS QVINTVS PONTIFEX MAXIMVS
AQVAM IN AGRO BRACCIANENSI
SALVBERRIMIS E FONTIBVS COLLECTAM
VETERIBVS AQVAE ALSIETINAE DVCTIBVS RESTITVTIS
NOVISQVE ADDITIS
XXXV AB MILLIARIO DVXIT

vara de contar   Pieza de madera con muescas para contar.

Resuélvelo

¿Cómo resolverías estos problemas?

1. ¿Qué cantidades muestran estos números romanos?

   a. VIII   d. XVI

   b. XXXIV   e. LXX

   c. CCLIII   f. MDCLXI

2. Escribe estas cantidades con números romanos.

   a. 7   d. 13

   b. 26   e. 80

   c. 352

3. ¿Dónde ves números romanos actualmente?

I	= uno	C	= cien
V	= cinco	D	= quinientos
X	= diez	M	= mil
L	= cincuenta		

1 2 3 4 5 6 7 8 9 10 11 12

Un ábaco romano

Los romanos usaban un ábaco para sumar, restar
y realizar otros cálculos con números. Algunos
ábacos se hacían de piedra o metal. No obstante,
un ábaco económico podía elaborarse con sólo
acomodar piedritas en surcos hechos en la tierra.
A las piedritas se les llamaba *calculi*. Ése es el
origen de la palabra *calcular*.

Este ábaco simplificado muestra
el número romano DCCXXXVI.
La ficha del "surco" denominado *D*
muestra 500; cada una de las fichas
del surco *C* representa 100, y
así sucesivamente.

Suma con un ábaco

Necesitarás fichas y una copia de la Hoja de ejercicios del Ábaco romano. Sigue estos pasos para sumar DCCXVIII y CCCXXXIII. Después crea tus propios ejemplos de suma o resta.

1. Usa fichas para mostrar la cantidad DCCXVIII. Luego, con más fichas (observa el esquema punteado de abajo), añade CCCXXXIII.

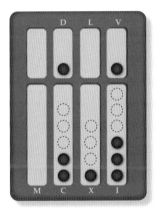

2. ¿Hay más de cuatro fichas en el surco *I*? De ser así, reemplaza cinco fichas por una ficha del surco *V*.

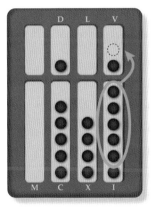

3. ¿Hay más de una ficha en el surco *V*? De ser así, reemplaza dos fichas por una ficha del surco *X*.

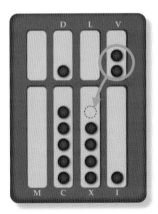

4. Usa pasos similares para verificar el surco *X*, el surco *L*, y así sucesivamente. ¿Cómo puedes comprobar que el total es correcto?

17

Medición

Los agricultores romanos usaban la red de caminos para transportar sus productos a las poblaciones cercanas o a los puertos, de donde se enviaba la mercancía a sitios distantes. En el mercado público de Roma también había gran actividad. Funcionarios elegidos, llamados *aediles*, lo supervisaban. Una de sus tareas más importantes era asegurarse de que los comerciantes utilizaran pesos y medidas estándares.

En la ilustración se muestran mesas de medidas estándares de un mercado romano. Los agujeros en las piedras probablemente se utilizaban para medir productos secos como los granos.

En Roma, el pie, o *pes*, era la unidad básica de longitud. En este mosaico se muestra a una mujer que sostiene una medida de un *pes*. El *pes* se dividía en 12 partes iguales llamadas *unciae*.

¿En cuántas maneras diferentes podían dividirse 12 *unciae* en partes iguales? Al formar partes iguales, ¿por qué el 12 es un número más útil que el 10?

Inclinar la balanza

En Roma, una medida estándar de un *pes* pesaba una *libra*, esto es, una libra romana (la palabra *pound* [libra, en inglés] proviene de *libra pondo*, que significa "una libra de peso"). Al igual que el *pes*, la libra se dividía en 12 *unciae*. Los términos ingleses *inch* (pulgada) y *ounce* (onza) se derivan de *unciae*. Hoy, una libra se compone de 16 onzas, pero esto se adoptó en Inglaterra hasta 1330.

Se colgaban pesas de metal de balanzas como las del relieve de arriba.

Datos de peso

- La abreviatura *lb*, que equivale a *pound* (en inglés) proviene del latín *libra*.

- La palabra *libra* también significa *balanza* o *báscula*. En la actualidad, el signo del zodiaco Libra se representa con un par de balanzas equilibradas.

- Actualmente, el oro todavía se pesa en libras de 12 onzas, llamadas *onzas troy*.

Calcula cuántas *unciae* había en cada una de las fracciones de una libra. Luego escribe en español los nombres de las fracciones en orden de menor a mayor.

Los romanos tenían nombres para las fracciones de un *pes* o una libra.

Nombre	Fracción
bes	dos tercios
deunx	once doceavos
dextans	cinco sextos
dodrans	tres cuartos
quadrans	un cuarto
quincunx	cinco doceavos
semis	una mitad
septunx	siete doceavos
sextans	un sexto
triens	un tercio
uncia	un doceavo

El fin de un imperio

El Imperio Romano llegó a ser tan grande que era muy caro gobernarlo y difícil defenderlo. El imperio acabó en el año 476, pero la influencia de los antiguos romanos continúa hasta hoy. Muchas palabras del idioma español provienen del latín. Numerosos elementos que forman parte de la vida cotidiana fueron introducidos o mejorados por los romanos. Por ejemplo, el calendario que utilizamos en la actualidad se inventó hace largo tiempo en la Roma ancestral.

Con el paso de los siglos, el calendario romano se cambió varias veces para aumentar su precisión. Se añadieron dos meses al principio del año. A otros dos meses se les cambió el nombre para honrar a los emperadores romanos Julio César y Augusto.

El primer calendario romano tenía sólo 10 meses. Algunos debían su nombre a dioses romanos. Otros se derivaban de los nombres en latín de algunos números:

5	*quinque*	8	*octo*
6	*sex*	9	*novem*
7	*septem*	10	*decem*

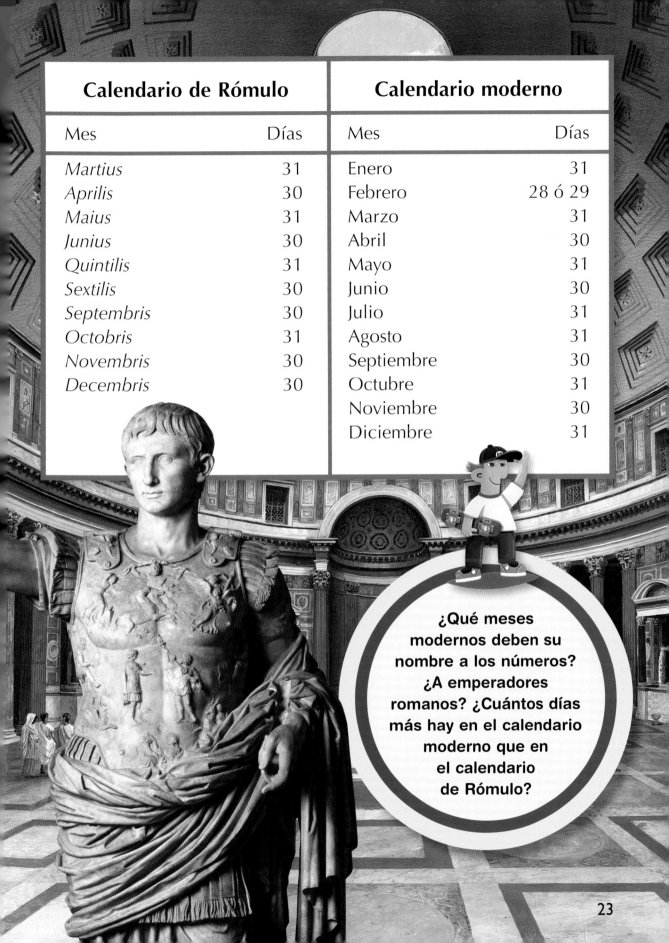

Calendario de Rómulo		Calendario moderno	
Mes	Días	Mes	Días
Martius	31	Enero	31
Aprilis	30	Febrero	28 ó 29
Maius	31	Marzo	31
Junius	30	Abril	30
Quintilis	31	Mayo	31
Sextilis	30	Junio	30
Septembris	30	Julio	31
Octobris	31	Agosto	31
Novembris	30	Septiembre	30
Decembris	30	Octubre	31
		Noviembre	30
		Diciembre	31

¿Qué meses modernos deben su nombre a los números? ¿A emperadores romanos? ¿Cuántos días más hay en el calendario moderno que en el calendario de Rómulo?

Respuestas modelo

Recaba más datos sobre los pesos y las medidas romanos. Por ejemplo, ¿podrías investigar cuáles eran las unidades romanas para medir líquidos, como el aceite o el vino, y los productos secos, como los granos?

Página 5   Cerca de 250 millones.

Página 7   625 personas por puerta; alrededor de 2 personas por segundo.

Página 9   100, porque *centuria* significa "100 años"; 80 soldados en una centuria; cohorte regular: 480 soldados; cohorte especial: 800 soldados; legión: 5 120 soldados, 59 centuriones.

Página 11   Unas 7 millas.

Página 13   5 000 pies romanos; 125 millas romanas.

Página 15   **1**. a. 8   b. 34   c. 253   d. 16   e. 70
      f. 1661
   2. a. VII   b. XXVI   c. CCCLII
      d. XIII   e. LXXX

Página 19   12: 2 grupos de 6; 3 grupos de 4; 4 grupos de 3; 6 grupos de 2

Página 21   8, 11, 10, 9, 3, 5, 6, 7, 2, 4, 1; un doceavo, un sexto,... once doceavos.

Página 23   Septiembre a diciembre; julio y agosto; 61 días más (62 en un año bisiesto).

Índice